SOCIÉTÉ D'AGRICULTURE

COMMERCE, SCIENCES ET ARTS

DU DÉPARTEMENT DE LA MARNE.

NOTICE BIOGRAPHIQUE

SUR

M. DE MAUPASSANT

Membre titulaire résidant

Par M. EMILE PERRIER, *secrétaire.*

CHALONS-SUR-MARNE

H. LAURENT, IMPRIMEUR DE LA SOCIÉTÉ ACADÉMIQUE

—

1863.

SOCIÉTÉ D'AGRICULTURE

COMMERCE, SCIENCES ET ARTS

DU DÉPARTEMENT DE LA MARNE.

1863

NOTICE BIOGRAPHIQUE

sur

M. DE MAUPASSANT

Membre titulaire résidant

Par M. Emile PERRIER, secrétaire.

Messieurs,

Il y a vingt-cinq ans, dans cette enceinte, à peu près à pareille époque, M. de Maupassant que vos suffrages venaient d'appeler aux fonctions de secrétaire, déplorait la perte que vous aviez faite dans le cours de l'année académique de deux de vos collègues, M. Siret et M. l'abbé Brisson, et payait en termes touchants à ces maîtres vénérés un dernier tribut de regret, d'affection et de reconnaissance. Aujourd'hui dans les mêmes circonstances, une semblable tâche m'est dévolue. Elève de M. de Maupassant, honoré de son amitié, je ne puis me défendre d'une vive émotion en venant à la place qu'il a occupée, vous retracer sa vie si modeste et si utilement remplie.

M. de Maupassant était d'origine noble; ses aïeux

s'étaient consacrés presque exclusivement à la carrière des armes, et comptaient 168 ans de services militaires distingués. (1)

Le nom de Maupassant ne brilla pas seulement dans l'armée. Nous le retrouvons dans nos fastes consulaires. Claude de Maupassant était consul juge à Châlons en 1655.

Marc-Antoine de Maupassant, lieutenant dans la marine en 1764 servit son pays avec distinction ; il fut fait chevalier de Saint-Louis et capitaine-commandant. Ses infirmités l'obligèrent à se retirer en 1788 : c'était le père du collègue dont nous déplorons la perte.

Marc-Antoine de Maupassant naquit à Lenharrée (2), le 8 mai 1802. Il entra au collége de Châlons en 1812. Il fit sa troisième et sa seconde sous M. Joppé fils, et sa rhétorique sous M. Joppé père, deux noms chers à nos souvenirs. En 1818, il suivit à Reims le cours de philosophie

' (1) Il ne sera pas sans intérêt de rappeler ces bons et loyaux services. Nous trouvons pendant le règne de Louis XIV le nom de Maupassant porté haut et fier. En 1695, Jean de Maupassant fut nommé capitaine du régiment du commissaire général, après la bataille de Nerwinde. En 1705, à Pisighison, en Italie, il sauva par sa bravoure le trésor de l'armée ; à la tête de 80 hommes il sut se défendre contre 300 hussards ; fait prisonnier après avoir reçu de nombreuses blessures, il fut bientôt repris par les siens et rejoignit le gros de l'armée avec sa petite troupe ; Louis XIV lui octroya une gratification de 1,500 livres. Plus tard, à la bataille de Taran, près Pignerol, M. Langallerie, lieutenant-général, déserteur de l'armée de France, se présentant au débouché d'un bois avec 5,000 hommes, le même Maupassant s'oppose à son passage à la tête de son escadron. Langallerie, qui le reconnait, lui crie : « Retire-toi, Maupassant, tu n'es pas assez fort. » mais le brave soldat continue sa vigoureuse résistance, il est couvert de blessures et donne à la ligne le temps de venir à son secours. Le roi le récompensa par une pension de 800 livres. — Le noble exemple qu'avait donné M. de Maupassant fut suivi par son frère et ses neveux.

(2) Canton de Fère-Champenoise, arrondissement d'Epernay.

d'un maître très-distingué, M. l'abbé Macquart. Le jeune élève qui s'était toujours fait remarquer par une grande assiduité et une vive intelligence, remportait chaque année de nombreux lauriers, qui sont un précieux souvenir pour ses enfants.

Ses études favorites étaient l'histoire, la philosophie, les mathématiques. Le 19 octobre 1819, il était nommé maître d'études au collége de Châlons qu'il ne devait plus quitter. Le 10 octobre 1823, il fut appelé à la classe de troisième, et le 8 novembre 1825, à celle de seconde. L'avancement rapide du jeune professeur était justifié par la haute capacité et le dévouement dont il donnait tant de preuves. Il remplissait avec bonheur les devoirs du professorat; aussi, lorsque dans les occasions solennelles il était appelé à prendre la parole, le voyons-nous constamment adresser aux élèves d'utiles conseils. C'était un père qui parlait à ses enfants, il partageait leurs peines, il s'associait à leurs joies.

Homme laborieux par excellence, il prémunissait avec grand soin ses élèves contre les périls de l'oisiveté. « *La nécessité du travail,* » tel fut le sujet du premier discours qu'il prononça, le 25 août 1828, à la distribution des prix du collége. Avec quelle autorité le jeune professeur développe cette thèse! Quel tableau saisissant il fait de l'oisiveté, de l'ennui, qui en est la conséquence. En peu de mots il démontre que « l'obligation du travail » ne nous a pas été imposée par une de ces lois que la » civilisation fait naître, que les besoins du jour modi- » fient, et que ceux du lendemain font quelquefois dispa- » raître. La loi du travail, » dit M. de Maupassant, « est » plus ancienne, elle remonte au berceau du monde. » Sans le travail tout périt, par lui tout prospère; il n'est » pas seulement pour nous l'accomplissement du devoir,

» il est encore la source du bonheur public comme du
» bonheur privé. » Régent de rhétorique, le 20 octobre
1829, notre collègue portait encore la parole, le 27 août
1832. Il prenait pour texte de son discours : « *De quelques vertus sociales.* » Dans un temps où les agitations
politiques étaient à l'ordre du jour, il ne pouvait choisir
un sujet plus approprié aux circonstances. Les conseils
que l'éloquent orateur adresse aux élèves, au moment où
ils doivent faire leur entrée dans le monde, ont leur
application à toutes les époques de la vie et ils dénotent un
esprit observateur et judicieux. « En effet, le collégien au
» sortir de ses études, peut se laisser entraîner par une
» imagination ardente. De mauvais conseils, de mauvais
» exemples, lui donneront, s'il n'y prend garde, les idées
» les plus exagérées, les plus fausses. En suivant cette
» pente, il devient le malheur de sa famille, le fléau de
» la société. » Le 30 octobre 1833, M. de Maupassant
était appelé à titre provisoire aux fonctions de professeur
de philosophie, qui lui furent définitivement conférées le
11 octobre 1838; il était en même temps chargé de la
chaire d'histoire. Son esprit fin et pénétrant jeta un si vif
éclat dans l'enseignement de la philosophie que M. Ragon,
inspecteur-général de l'Université, déclarait qu'il avait
trouvé au collége de Châlons une philosophie modèle.
Avec quelle richesse d'expression, quelle érudition il en-
seignait aussi à ses élèves l'histoire, cette science dont
l'étude a tant d'attraits, mais exige une attention si sou-
tenue et en même temps une si grande netteté dans les
idées ! Ses travaux historiques lui donnèrent le goût de
la numismatique. Il affectionnait un médaillier qu'il avait
collectionné dans ses moments de loisir ; chaque médaille
est pourvue de précieuses annotations.

Le 1er mai 1846, M. de Maupassant recevait comme

récompense de son mérite et de ses services le titre
d'officier d'Académie. En 1850, après la retraite de
M. Mahon, principal du collége, cédant aux instances
d'un grand nombre de pères de famille, M. de Maupassant
sollicita les fonctions de principal dans les termes sui-
vants, que je me plais à citer comme un programme qu'il
a parfaitement rempli : « Je comprends toute l'étendue
» et toute la difficulté de la tâche qui me serait imposée.
» Cependant si l'administration croyait mes services
» utiles, si elle pensait que parce que je suis enfant du
» pays, parce que depuis trente ans je professe dans cet
» établissement, je serais plus à même qu'un autre d'y
» faire le bien, et d'obtenir la confiance des familles,
» je regarderais comme un devoir de mettre à votre dis-
» position et de consacrer à cette tâche honorable et
» pénible, tout ce que j'ai de force, d'intelligence et
» de zèle. (1) » Le nouveau principal joignait à l'égalité
de caractère la fermeté inébranlable qu'exigent ces fonctions toujours si délicates et souvent si difficiles. Chef
d'établissement, il ne sollicita jamais rien pour lui ; mais
il était heureux lorsqu'il avait pu améliorer le sort de ses
collaborateurs. M. Cayx, l'un des inspecteurs de l'Université, qui ont le plus souvent visité notre collége, et que
professeurs et élèves vénéraient également, l'avait en
grande estime et ne cessa d'entretenir avec lui les rela-
tions les plus amicales. Devenu vice-recteur, il venait
encore visiter de temps en temps cet établissement qu'il
affectionnait. Quelques semaines avant sa mort, en
présence du regrettable M. Demaiche, il se plaisait

(1) Par suite des délibérations du bureau d'administration du collége et des
démarches faites par son secrétaire, M. Sellier, le ministre de l'instruction publique nommait, le 51 août 1850, M. de Maupassant principal, et le 1er octobre
suivant il était installé en cette qualité.

encore à exprimer à l'infatigable administrateur sa haute approbation.

Le 30 décembre 1853, M. de Maupassant était nommé officier de l'instruction publique. Les annales du collége constatent les améliorations qu'il sut y introduire. Les discours qu'il prononçait aux distributions de prix, sont des modèles d'enseignement pratique. Cette tension continuelle de l'esprit, ce dévouement à toute épreuve que déployait M. de Maupassant, altérèrent sa santé ; il dut dans un âge peu avancé songer à la retraite. Le 11 août 1857, à la distribution des prix, M. Demaiche, inspecteur de l'Académie, annonçait sa détermination. « Je suis » heureux, » ajoutait-il, « d'unir ma reconnaissance per- » sonnelle à celle des professeurs et des élèves, et d'ex- » primer à l'honorable principal des félicitations publi- » ques et des remercîments solennels pour ses longs et » laborieux services. »

En quittant ses fonctions, M. de Maupassant avait l'esprit trop actif pour s'enfermer dans le repos qui lui était devenu nécessaire : il consacrait la plus grande partie de son temps aux travaux des diverses commissions auxquelles il appartenait depuis longtemps. Il était membre des commissions départementales d'archéologie et des monuments historiques, de l'instruction primaire, et de surveillance de l'Ecole normale, depuis la création de ces trois institutions. Dès l'année 1830, M. de Maupassant s'était occupé d'un projet d'école normale primaire pour le département de la Marne ; on avait même espéré pouvoir réaliser ce projet au moyen d'une souscription, lorsque la loi du 28 juin 1833 vint mettre cette institution à la charge des départements.

Ce projet se fait remarquer comme tous les écrits de

M. de Maupassant par une grande précision, et en outre par une connaissance approfondie de l'instruction publique ; il avait pris pour épigraphe cette parole de Chaptal : « Un maître d'école est un ami que le père de famille » admet à partager avec lui le doux soin de l'éducation » de son fils ; il doit donc avoir toute sa confiance, » mériter toute son estime. » M. de Maupassant visitait souvent les élèves de l'Ecole normale. Il aimait à se trouver au milieu d'eux, et ils ont encore présentes à l'esprit les éloquentes exhortations qu'il se plaisait à leur adresser.

Il suivait assidûment les examens du collége, et étonnait les membres des commissions par les ressources de son érudition si complète et par ses saillies pleines de finesse.

Enfin, Messieurs, M. de Maupassant aimait à se retrouver au sein de la Société académique de la Marne, dont il était membre titulaire depuis le 1er février 1830. En 1826, il a été nommé membre correspondant de la Société des arts, belles-lettres et agriculture de Saint-Quentin ; en 1832, correspondant de la Société d'agriculture, sciences, arts et belles-lettres du département de l'Aube ; enfin, en 1842, lors de sa création, l'Académie de Reims crut devoir le porter spontanément sur la liste de ses membres correspondants.

Tous les mémoires de l'Académie de Châlons contiennent des travaux de M. de Maupassant. Il possédait une aptitude, on peut dire presque universelle, et traitait avec un égal bonheur les sujets les plus différents. Secrétaire de 1838 à 1840, il rédigea trois comptes-rendus remarquables par leur clarté et l'élégance du style. La seconde année du secrétariat de M. de Maupassant fut marquée par un évènement important : M. de Jessaint, préfet du département depuis trente-huit ans, et qui avait présidé trente-huit fois nos séances publiques, venait d'être nommé pair de France, et était remplacé par son petit-fils, M. Bourlon de Sarty, dont vous vous rappelez l'aménité et la coopération active. M. de Maupassant sut rendre aux services de M. de Jessaint un éclatant hommage.

Dans ses notices sur M. François et sur M. Bobillier, il fut l'éloquent interprète de vos regrets pour le chimiste distingué, qui a fait faire par ses découvertes d'immenses progrès à une de vos plus importantes industries, et pour le savant mathématicien, qui serait devenu une illustration de notre pays, si la mort ne l'avait prématurément enlevé à ses études.

M. de Maupassant s'est occupé de nombreux travaux statistiques que l'on peut regarder comme des modèles du genre. La correspondance qu'il eût, à de nombreuses reprises, avec M. Moreau de Jonnès, directeur des travaux de la statistique de France, au ministère du commerce, montre à quel point ses travaux étaient appréciés. Il ne traita pas avec moins de bonheur les sujets d'archéologie : ses notices sur les abbayes de Notre-Dame et de Saint-Sauveur de Vertus, sont des études remarquables que cette ville conserve dans ses archives (1).

Appelé à la présidence de la Société en 1842, il n'attribuait pas à son mérite le témoignage de bienveillance qui venait de lui être accordé : « on avait honoré en lui, » disait-il, les fonctions obscures et pénibles du profes-» sorat. » Membre d'une société agricole et professeur de morale, il voulut montrer l'heureuse alliance qui doit exister entre la morale et l'agriculture.

---

(1) Voir les Mémoires de la Société d'agriculture, commerce, sciences et arts du département de la Marne, des années 1838 et 1839.

En 1852, vos suffrages lui ayant de nouveau confié l'honneur de vous présider, il développait avec la même autorité les avantages que présentent les Sociétés académiques locales. Vous vous rappelez avec quel empressement M. de Maupassant se rendait à nos séances, et quel prix nous attachions tous à ses observations et à ses conseils. Un mot de lui éclairait souvent nos discussions. Malgré l'impassibilité apparente de sa physionomie, il avait une vivacité excessive ; mais, dans les élans de son cœur, on voyait jaillir tous les bons sentiments, la générosité, la droiture et la passion du bien.

Malheureusement la coopération de cet homme de bien devait vous être bientôt enlevée. M. de Maupassant présidait encore une de vos séances, comme ancien président, le 20 septembre, et le 1er mars il n'était plus ; une attaque foudroyante l'avait ravi à l'affection de sa famille et à la nôtre. La ville tout entière a voulu assister à ses obsèques. Vous avez écouté avec attendrissement les discours prononcés sur sa tombe.

Notre collègue avait prévu sa fin prochaine ; le 7 juillet 1862, il écrivait ses dernières volontés. Sa famille a bien voulu m'autoriser à vous citer quelques passages de son testament :

« Je déclare mourir au sein de la religion catholique,
» apostolique et romaine. Je compte que mes enfants
» continueront à marcher dans les voies de l'honneur et
» de la probité. Je me confie dans la bonté de Dieu. Que
» mes enfants ne soient sévères que pour eux-mêmes ;
» qu'ils soient tolérants, humains, amis de la liberté et du
» progrès, du progrès moral surtout et pour tous ; qu'ils
» restent toujours unis entre eux, et ne perdent pas un
» instant de vue que l'union fait la force. »

Je ne veux rien ajouter à ces paroles touchantes qui

peignent mieux que tous les discours la noblesse de cœur
de notre collègue, et donnent une idée exacte de son
caractère.

Châlons-sur-Marne. — Typ. H. Laurent.